増補改訂版

まずはここから！
やさしいフランス語
カタコト会話帳

藤井秀男 著　マリー=クリスティーヌ・ジュスラン 監修
Hideo Fujii　Marie-Christine Jousselin

楽しくて、
手っとり早く
学べるフランス語
ポケットブック

恋とシャンソンで磨いたフランス語
～著者まえがき

藤井秀男

　大学生のころ、私はミュンヘン近郊にあるドイツ語学校で、夏季集中講座を受けたことがあります。学生寮に寄宿していまして、じつはそこで掃除のアルバイトをしていたドイツ人の美女（ミュンヘン大学の学生でした）に一目惚れしてしまい、彼女とデートがしたい一心で懸命にドイツ語を勉強していたのです。寮には各国から来た学生たちが同居していて、そのなかにはフランス人も何人かいました。同じ釜の飯を食っている寮の仲間は、ドイツ語が話せるようになってくるにしたがい、とても親しくなりました。

　不思議なことですが、男と女には運命的な出会いというものがあるんですね。その仲間のなかにいた、フランス人女性に私は次第に魅かれていきました。そして、講座が終了するとそのまま彼女の愛車ルノーに乗せられ、シャンパーニュ地方にある彼女の実家へ連れて行かれる羽目になってしまいました。そのとき私はフランス語をまったく知らず、ご両親や友だちの言葉はチンプンカンプンでした。日本へ帰り、彼女とはドイツ語で文通を続けました。いわゆる遠距離恋愛です。その間、内緒で私はフランス語を勉強していました。1年後彼女が日本に来ることになり……。そうしたら、相手もフランスで日本語を勉強していたらしく、思えばとんだアツアツぶりでした。そして結婚し、それからいろいろなフランス人との人間交流がはじまりました。そういうわけで、ドイツ語もフランス語も勉強することになってしまったのです。

　ところで、私は女房からフランス語を習った覚えはありません。だいたい、彼女は私のフランス語に対して、馬鹿が話しているみたいね、なんて無礼なことを言います。癪に触るので、フランス語はほとんど独習しました。耳に入ってきた言葉を、あとで辞書や参考書で調べて確かめるという勉強法です。なにしろフランス人は話し好きの人が多い。「口から先に生まれた」ような人ばかりです。だから、どうしても私は聞き手にまわってしまうのです。

　それと、私は一時期シャンソンに熱中したことがあって、レコードを何度も聴いては発音の練習をしたものです。「フランス語は、愛を語る言葉」なんて言いますが、シャンソンを聴くとそのことを実感しますね。甘いメロディにのって、歌詞がキュンキュン胸に伝わってきます。私は男なので、とくに女性歌手が好きで……。大げさではなく、「言葉は愛を語るためにある」。今でも私はそう思うことがあります。

フランス語のすすめ
~監修者まえがき　　　　マリー＝クリスティーヌ・ジュスラン

　フランス語は発音も文法も難しいと言われています。でも、これは日本人に限ったことではありません。英米人やドイツ人にとってもフランス語はやはり難しいのだと思います。発音に関して言えば、日本語と似ている点も多く、じつは日本人の皆さんには、英語よりもフランス語のほうが簡単なのではないかと私は思っています。ただ、日本では英語経由でフランス語を学ぶ人がほとんどで、ここに問題があるのかもしれません。

　たとえば、首都のパリですが、英語では「ペァリス」みたいに発音し、日本語では「パリ」ですが、日本語のほうがよほどフランス語に近いのです。「ア」と「エ」の中間みたいな英語の発音は、フランス語にはないからです。「婚約者」の「フィアンセ」も「セ」をちょっと上げて発音すれば日本語でそのまま通じます。「シャトー」「マント」「クレヨン」など、みんな通じます。日本人女性のお好きなブランドでは、「シャネル」「ディオール」は通じますが、「ルイヴィトン」「クレージュ」は通じないかもしれません。カタカナにも限界がありますね。

　それから、フランス語ではリズムとイントネーションが大切です。強めたり上げたりするところをしっかり発音してください。少しぐらい単語の発音が不正確でも、リズムが正しければきっと通じます。通じる発音がまず大切で、それからフランス語らしい発音に近づけていけばよいのです。

　ここで、ちょっとフランス人のことに触れますが、フランス人は自分たちの文化やファッションや料理などに誇りを持っています。だからフランスのことをほめられると当たり前だと思いながらもとても喜びます。とくにフランス語には大きな誇りを持っていて、外国人がフランス語を話すと何よりも喜びます。日本人の多くの方は、どうやらフランスもフランス語もお好きなようですが、正しいフランス語を話そうとするあまり、消極的になり、自由に話せない人が多い気がします。

　日本人の皆さんが話すフランス語は、とても魅力的なはずです。まずは間違いを恐れず、もっと積極的になることです。遠慮はいりません、フランス人はおしゃべりで、話がしたくてうずうずしています。それに、フランス人は外国人に対して寛容ですし、好奇心も強いのです。そんなフランス人をどこかでつかまえて、フランス語で話しかけてみましょう。上達はそれからあとでかまわないではありませんか。

もくじ

アルファベットと発音

A	a	ア	N	n	エンヌ
B	b	ベ	O	o	オ
C	c	セ	P	p	ペ
D	d	デ	Q	q	キュ
E	e	ウ	R	r	エール
F	f	エフ	S	s	エス
G	g	ジェ	T	t	テ
H	h	アシュ	U	u	ユ
I	i	イ	V	v	ヴェ
J	j	ジ	W	w	ドゥブルヴェ
K	k	カ	X	x	イクス
L	l	エル	Y	y	イグレック
M	m	エム	Z	z	ゼッド

※ 青い文字 は母音字で、**黒い文字** は子音字です。
※ カナで示す発音はアルファベットの名称で、アルファベットが表す「音」とは区別してください。

■つづり字記号

フランス語ではアルファベットに加えて、次のようなつづり字記号を使います。アクサン記号はつづり字上の記号で、単語を強めて発音するアクセントとは関係ありません。

´	アクサン テギュ (accent aigu)	e の上に付けます。é は「(口を閉じた)エ」を発音するときに使います。
`	アクサン グラーヴ (accent grave)	è は「(口を開いた)エ」を発音するとき、à と ù は同じつづりの他の単語と区別するときに使います。
^	アクサン スィルコンフレックス (accent circonflexe)	â, ê, ô は「ア」「(口を開いた)エ」「オ」と発音するとき、î と û は同じつづりの他の単語と区別するときに使います。
¨	トレマ (tréma)	e, i, u の上に付けます。トレマの付いた母音字 ë, ï, ü は、先行する母音字とは切り離して発音します。
¸	セディユ (cédille)	C, c に付くしっぽのような記号で、ca(カ) → ça(サ)、co(コ) → ço(ソ)、cu(キュ) → çu(スュ)と読みが変わります。
œ	オ ウ コンポゼ (œ composé)	o と e を合成した文字で、「オ」と「エ」の中間の発音をします。例:「姉・妹」の sœur(スォール)で使います。

006

〈フランス語の発音 リズムとイントネーション〉

フランス語には英語のようなアクセント（強弱アクセント）はありません。日本語と同じように音節を上げ下げ（フランス語は下げ上げ）しながら発音します。これを高低アクセントとも言います。単語のアクセント（高めるところ）は原則的に最後の音節にありますが、フランス語はいくつかの単語から成るリズム段落（文節）のほうを重視します。そして、段落の最後の音節にアクセントを置いて、文全体を一定のリズムで発音します。このリズムにイントネーションが加わるため、フランス語独特の音楽的な音調が生まれてくるわけです。本書の例文（p.135）をあげて説明します。

J'aime bien le fromage.（私はチーズが好きです。）
私は好む　とても　　チーズを

ジェム ビヤン ル フロマージュ

リズム段落は「ジェムビヤン」と「ルフロマージュ」のふたつ。
段落の最後の音節にアクセントがあるので、「ヤン」と「マージュ」を強め、高く上げて発音します。リズムは「タタ**タ**/タタ**ター**」です。イントネーションは、「ヤン」を尻上がりに、平叙文なので「マージュ」は尻下がりに発音します。

〈エリズィオン〉

母音ではじまる単語の前では、前の語の母音字（e, a, i）が省略され、アポストロフ（'）に置き換わります。こうした発音の規則をエリズィオンと言います。例文のJ'aime は je（ジュ 私は）の e が省略されています。

疑問文は次のような感じです。

Vous aimez bien la cuisine japonaise?（あなたは日本料理が好きですか?）
あなたは 好む　とても　　料理を　　　日本の

ヴ ゼメ ビヤン ラ キュイズィーヌ ジャポネーズ

リズム段落はふたつ。「ヤン」と「ネーズ」にアクセントを置きます。
リズムは「タタタ/タタタタタター」で、「ズィーヌ」に軽いアクセントがあります。イントネーションは「ヤン」を尻上がりに、そして疑問文なので「ネーズ」も尻上がりに。

〈リエゾン〉

単語のつづきで、語末の子音字（f, s, z, t, d, x など）は原則的には発音しませんが、後ろに母音ではじまる単語が続くときには、この子音字を後ろの母音にかぶせて発音することがあります。この発音の規則をリエゾンと言います。
例文の **Vous aimez** の部分の発音がそうです。

vous（ヴ あなたは）＋ **aimez**（エメ 好む）→ **Vous aimez**（ヴゼメ）

まずはあいさつ

人に会ったら、まずあいさつ

こんにちは。

早朝のあいさつ

おはよう。

夕食をすませてからは夜のあいさつ

こんばんは。

ボン ジュール
Bonjour.

bon は英語の good で、jour は day です。「ジュ」の発音は
日本語の「シュ」と「ジュ」の間くらいに、最後の「ル」は聞こ
えない程度に発音してください。

ボン ジュール
Bonjour.

フランス語では、英語の Good morning. と Good afternoon.
のような朝昼での区別はありません。朝から夕方過ぎまで全
部「ボンジュール」でOK!

ボン ソワール
Bonsoir.

bon は good で、soir が evening です。おもに夕方過ぎてから
使います。夜、人と別れるときにも使い、寝る時間まで、間があ
るときには「ボンソワール」と言います。

もう少しあいさつのフレーズを

夜遅く別れるときや寝る前のあいさつ

おやすみなさい。

親しい友だち同士では

やあ！

ていねいにあいさつするときには

おはようございます。

ボンヌ　ニュイ
Bonne nuit.

nuit は英語の night です。これは 2 語で書き表します。bon
ではなく bonne（ボンヌ）になるのは、nuit（夜）が女性名詞だ
からです。

サリュー
Salut!

フランスでは若い人たちはみんなこうあいさつしています。
相手のファーストネームを加えて言いましょう。

ボン ジュール　ムッス イユー
Bonjour, Monsieur.
ボン ジュール　マ ダ ム
(Bonjour, Madame.)

目上の男性には Monsieur を、既婚の女性には Madame を必ず
加えてください。英語と違い、苗字は同等ないし目下の人にだ
け付けます。「こんにちは」「こんばんは」なども同じです。

人とお別れのあいさつ

別れのことばは、ちょっと切ない…

さようなら。

軽い感じの別れのことば

じゃあね。

また近いうちに、という感じで

じゃ、また。

オ　ルヴォワール
Au revoir!

フランス語ではこれです。「また会うときまで」という意味です。

サリュー
Salut!

友だち、恋人、子供同士で使います。
会ったときも「サリュー」、別れるときも「サリュー」と言います。

ア　ビヤント
A bientôt.

気軽な別れのあいさつです。あたまのA（ア）は文中では à と、アクサン（フランス語でアクセントのこと）が付きますが、時を表す前置詞で「〜に」の意味です。bientôt は英語の soon にあたります。

別れぎわにまた会う日を確かめて

毎日会っている人同士で

また明日。

また会う曜日が決まっているなら

じゃあ、月曜日に。

またすぐ会うときには

またあとで。

アドゥマン
A demain.

demain は「明日」です。あたまの A (ア) は「〜に」という前置詞でしたね。

アロール　アランディ
Alors, à lundi.

alors は「じゃあ」「では」の意味でよく使うことばです。lundi は「月曜日」です。

アトゥタルォール
A tout à l'heure.

よく使うフレーズですが、発音がちょっと難しい！「タルォール」の部分は、日本語の「太郎」と「垂れる」の間くらいの感じで発音してみてください。

いろいろな「ありがとう」

かんたんな感謝のことば

ありがとう。

もう少し感謝の気持ちをこめて

どうもありがとう。

ちょっと改まって言うと

ありがとうございます。

メルスィ
Merci!

日本語の「名水」を速く言うとフランス語らしい発音になります。

メルスィ　ボクー
Merci beaucoup!

beaucoup は「たくさん」という意味です。「僕」みたいですが、フランス語は「クー」のほうを高く上げて発音するので、どちらかと言うと「防空」に近い感じです。

ジュ　ヴ　ルメルスィ
Je vous remercie!

これはちゃんとした文で、文字どおりには「私はあなたに感謝しています」ということです。je が「私は」、vous が「あなたに」にあたります。

「ありがとう」と言われたら

軽い受け答えですが

いや、全然そんな…。

日本語ではあまり使わないフレーズですか

どういたしまして。

感謝するのは私のほうですと言うときには

いや、こちらこそ。

ドゥ　リヤン
De rien.

英語の nothing です。

ジュ　ヴ　　ザン　プリ
Je vous en prie.

ていねいな言い方です。「どうぞ、どうぞ」という意味で、この
フレーズは相手になにかをすすめるときにもよく使います。

メ　　セ　　モワ　メーム
Mais, c'est moi-même.

mais は接続詞で英語の but です。 c'est は this is, that's, it's
のすべてにあたり、フランス語ではいちばん簡単で短い「主語
+ 動詞」です。moi-même = myself (私自身) です。

初対面のあいさつ

自分の名前をまず言って

私は～と言います。

時には握手しながら言います

はじめまして。

もっと感情をこめて

お会いできてうれしいです。

ジュ　マ　ペル
Je m'appelle ~

「私は自分を～と呼んでいます」が文字どおりの意味です。
名前を言うときにはこの形を使います。

アン　シャン　テ
Enchanté.
アン　シャン　テ
(Enchantée.)

「はじめまして」もフランス語では普通「ボンジュール」(こんに
ちは)と言います。「アンシャンテ」は「光栄です」にあたります。
女性形はつづりの最後に e がつきますが、発音は同じ。

トレ　　　ズォルー
Très heureux.
トレ　　　ズォルーズ
(Très heureuse.)

英語の Very happy ですが、フランス語は形容詞に男性が使
う男性形(heureux)と女性が使う女性形(heureuse)があります。
発音も難しい!「ゾロー」と「ゼレー」の間みたいで…。

021

ちょっと自己紹介をしましょう

アジア人であることはわかるでしょうが

私は日本人です。

出身国(地)を言うときには

私は日本(京都)から
来ました。

職業、身分も言うと

私は学生です。

ジュ スュイ ジャ ポ ネ
Je suis japonais.

ジャ ポ ネーズ
(japonaise)

suis が英語の am です。男性は「ジャポネ」、女性は「ジャポネーズ」を使ってください。

ジュ ヴィヤン デュ ジャ ポ ン
Je viens du Japon.

ドゥ キョート
(de Kyoto)

Je viens=I come です。出身国は du+ 国（男性名詞）と de la（ドゥラ）＋ 国（女性名詞）のように区別して使います。「日本」は男性名詞なので du Japon（日本から）。都市は全部 de + 都市名です。

ジュ スュイ エテュディヤン
Je suis étudiant.

エテュディヤーント
(étudiante)

男子学生は étudiant で、女子学生は étudiante です。英語と違い、職業・身分を言うときは、冠詞（英語の a, an）は付けません。

相手のことを尋ねてみよう

職業、身分を尋ねる

あなたは何をなさっていますか?

出身地を尋ねる

あなたはどこの出身ですか?

年齢を尋ねる

あなたは何歳ですか?

ケ　ス　ク
Qu'est-ce que
ヴ　フェット
vous faites?

職業に限らず「何をしているか」という意味で普通に使えます。
「ケスク」の部分は文字にすると長くなりますが、発音は簡単。
vous faites が「あなたは、している」にあたります。

ドゥ　ヴネ　ヴ
D'où venez-vous?

あたまの D'où が from where です。venez-vous? が do you come? にあたります。

ケ　ラージュ　アヴェ　ヴ
Quel âge avez-vous?

英語なら How old are you? または What is your age? ですね。
フランス語は、[What age do you have?]のように言います。
avez-vous? が do you have? です。

相手の言っていることがわからない！

聞き返すときには

えっ、何ですか？

くり返して言ってほしいときには

もう一度言ってください。

ゆっくり話してもらいたいときには

もっとゆっくり話してください。

パルドン
Pardon?

英語と同じです。語尾を上げて発音してください。下げて発音すると「失礼」という意味になります。

レ ペ テ　スィル　ヴ
Répétez, s'il vous
プ レ
plaît.

英語では Repeat, please です。s'il vous plaît = please ですが、フランス語は長いですね。もとは「お気に召すなら」の意味で、相手にお願いするときには必ず「スィルヴプレ」を付けましょう。

ヴ レ　　　ヴ　　パ ル レ
Voulez-vous parler
プリュ　　ラントマン
plus lentement?

Voulez-vous ~ ? = Will you ~ ? で、相手になにか頼んだり誘ったりするときに使います。parler = speak で、plus lentement = more slowly です。

返事のしかた

肯定と否定の答です

はい。/ いいえ。

相手に何かすすめられて、答えるとき

はい、お願いします。

相手のすすめを断るとき

いいえ、けっこうです。

ウィ　　ノン
Oui. / Non.

英語の Yes. / No. です。

ウィ　ジュ　ヴ　　ビヤン
Oui, je veux bien.

英語の Yes, please. ですが、フランス語は je veux bien.（私は
大いに望んでいます）を加えて言います。

ノン　　メルスィ
Non, merci.

英語の No, thank you. と同じです。

理解できる、理解できない！

疑問文から

わかりますか？

相手の言っていることが理解できたら

はい、わかります。

理解できないなら

いいえ、わかりません。

ヴ　　　コン プル ネ
Vous comprenez?

英語の Do you understand? です。フランス語の疑問文の基本
は動詞＋主語の倒置形ですが、肯定文の語順で、疑問文にして
しまうこともよくあります。そのときは語尾を上げて発音します。

ウィ　ジュ　コン プ ラン
Oui, je comprends.

「わかる」「理解する」という動詞の原形は comprendre (コンプ
ランドル) で、je comprends (私はわかる)、vous comprenez (あ
なたはわかる) のように活用します。

ノン ジュ ヌ コン プラン　　　パ
Non, je ne comprends pas.

ne と pas が否定語で、フランス語はおもにこの2語をセットに
して否定文をつくります。ただし、会話では ne を省いて、pas
だけで je comprends pas. (ジュ コンプランパ) のように言います。

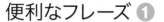

肯定を強めるとき

もちろん！当然です！

信じられないとき

本当ですか？

相手になにかを示すときに

ほら。はい、ここに。

ビ ヤ ン　スュール
Bien sûr!

英語の Of course にあたります。

セ　　　ヴ レ
C'est vrai?

英語なら Is it true? ですね。疑問文のときは「セヴレ」の語尾を上げて発音します。下げて発音すると、肯定文で「本当です」になります。

ヴォワ ラ
Voilà.

英語の there や here にあたります。相手の注意を引き、物や人を示すときに使います。また、話の内容に対して肯定や理解を示し、「そういうことさ」「そういうことか」という意味にも使います。

便利なフレーズ ❷

承諾、同意するとき

よし。いいね。

望みどおりに行かなかったときに

残念です！

あいまいな言い方ですが

まあまあ。

ビヤン
Bien.

フランス語では bien の使い方を覚えることが大切です。英語の well にあたる単語ですが、well よりずっと使い道が広い！

ド マ ー ジ ュ
Dommage!

フランス語らしい発音ですね。前に C'est をつけて、「セドマージュ」とも言います。感嘆文なら Quel dommage! (ケルドマージュ) です。

コ ム スィ コ ム サ
Comme ci, comme ça.

文字どおりには「こんな、あんな」ということです。「混むし、混むさ」みたいですね。

あいづちを打って

そうです。そのとおりです。

相手の話にちょっと驚いて

あっ、そうですか。

相手に順番をゆずって

どうぞ お先に。

セ　サ
C'est ça.

英語で言うと、That's right.

アッ　ボン
Ah bon?

英語で言うと、Is that so?

アプレ　　ヴ
Après vous.

英語の After you. です。乗り物の乗り降りや部屋の出入りの
ときに使います。

ていねいな言い方で

お元気ですか?

答え方もだいたい決まっています

とても元気です、ありがとう。

さらに相手に尋ねるのが礼儀

で、あなたはいかがですか?

コ マ ン タ レ ヴ
Comment allez-vous?

英語なら How are you? です。フランス語は How do you go? のように言います。allez-vous?（アレヴ）は do you go? で、ここでは comment の t の音がかぶって「タレヴ」と発音します。

トレ ビヤン メル スィ
Très bien, merci.

英語の Very well, thank you. です。

エ ヴ
Et vous?

et（エ）が接続詞で、and にあたります。このフレーズ、英語なら And you? ですが、フランス語も同じです。

ちょっとくだけて尋ねると

元気？

調子が良くないときには

あまり良くないな。

親しい友だちに尋ね返すときには

君はどう？

サ　ヴァ
Ça va?

魚の「サバ」みたいですね。疑問文は語尾を上げて発音します。
「元気?」以外にも「大丈夫?」「調子どう?」など、いろいろと使
えます。答えるほうも「サヴァ」(語尾を下げて) と応じます。

パ　トレ　ビヤン
Pas très bien.

英語の Not very well. です。

エ　トワ
Et toi?

et は and のことでしたね。
toi は親しい間柄で使う 2 人称 tu (テュ) の強調形です。

1人称主語（単数 / 複数）から

私は / 私たちは

- - -

2人称主語（単数 / 複数）は

あなたは / あなた方は

- - -

親称2人称主語（単数 / 複数）は

君は / 君たちは
おまえは / おまえたちは

- - -

ジュ　ヌ
je / nous

文の主語になる形です。英語の I / we ですね。
je（私は）は文中では小文字ではじめます。

ヴ　　　　ヴ
vous / vous

英語の you です。フランス語も単数・複数が同形になります。

テュ　　ヴ
tu / vous

親族や親しい友だちや恋人同士で使います。子供とは他人
の子でもはじめから tu で話します。日本人がフランス語を
話すときは、はじめは誰とでも vous でよいでしょう。

「私」と「あなた」の形を覚えよう❷

私の / 私を [に] /〈私〉

あなた(方)の/あなた(方)を[に]
/〈あなた(方)〉

君の / 君を [に]/〈君〉

モン　　　マ　　　ム　　　モワ
mon, ma / me / moi

所有形容詞は、男性名詞（単数）か母音ではじまる女性名詞（単数）なら mon を、その他の女性名詞（単数）なら ma を使います。me は「ム」と発音します。moi は「私」の強調形です。

ヴォトル　　　　ヴ　　　　　ヴ
votre / vous / vous

こちらは簡単で、所有形容詞の votre だけ違います。1人称の mon, ma のように使い分けることもないので、楽ですね。

トン　　タ　　トゥ　　トワ
ton, ta / te / toi

所有形容詞は mon, ma と同じように使い分けます。toi は Et toi?（君はどう？）というフレーズですでに登場しましたね。

まずは「何」から

これは（あれは）何ですか？

「誰」と尋ねるには

これは（あれは）誰ですか？

「どちら」と尋ねるには

どちらがほしいですか？

Qu'est-ce que c'est?

ケ　ス　ク　セ

英語なら、What is this (that) ? です。Qu'est-ce que (ケスク) の部分は4語からなりますが、これ全体で「何ですか？」「何を〜しますか？」という疑問文になると覚えてください。

Qui est-ce?

キ　エ　ス

英語の Who is this (that) ? です。qui (キ) が who にあたります。こっちは簡単ですね。

Lequel prenez-vous?

ル　ケル　プルネ　ヴ

英語なら Which do you take? です。フランス語の「どちら」はさしているものが男性名詞（単数）なら lequel ですが、女性名詞（単数）なら laquelle（ラケル）になります。

「どこ」と場所を尋ねるには

あなたはどこに住んでいますか?

「いつ」と時を尋ねるには

あなたはいつ帰りますか?

理由と方法 (様子) は

なぜ?/どのように?

ウ　アビテ　　ヴ
Où habitez-vous?

où = where です。habitez-vous? は do you live? にあたります。

カン　　ラントレ　　ヴ
Quand rentrez-vous?

quand = when です。rentrez-vous? は
do you return? にあたります。

プルコワ　　コマン
Pourquoi? / Comment?

pourquoi = why で、comment = how です。

049

買いたいものを指でさして

これをください。

買いたいものをはっきり言って

市内地図がほしいのですが。

買うものを決めたときには

じゃ、これにします。

ド ネ　　　モ ワ　サ
Donnez-moi ça,
スィル　　ヴ　　　プ レ
s'il vous plaît.

前の部分を略して、「スィルヴプレ」だけでも通じます。フランス語の命令文は基本的に主語の vous（あなたは）を省いた動詞からはじめます。Donnez-moi = Give me です。

ジュ　ヴ ド レ　　　アン　プラン
Je voudrais un plan
ドゥ　ラ　ヴィル
de la ville.

Je voudrais ~ は I'd like ~ にあたる大切なフレーズです。un は男性名詞に付ける英語の a にあたる冠詞です。女性名詞には une（ユンヌ）を付けます。de la ville は、of the city です。

ボン　　ジュ ル　プラン
Bon, je le prends.

Bon（ボン）は、「よし」「わかった」という感じ。後ろの文は、英語なら I'll take it. です。le はこの文では指示代名詞で、物を表す男性名詞の単数の代わりに使っています。

ブティックで買いたいものを尋ねる

カシミアのセーターは
ありますか?

ショーウインドゥの品物を見せてもらう

このバッグを見せてください。

その品物が気に入らなければ

ほかのものがありますか?

ヴ　　ザヴェ　　デ　　ピュル
Vous avez des pulls
アン　カ　シュ　ミール
en cachemire?

des pulls は複数で「いくつかのセーター」ということです。
en は前置詞で、英語の in にあたります。

モ　ン　ト　レ　　　モ　ワ　ス　サック
Montrez-moi ce sac,
スィル　ヴ　　プレ
s'il vous plaît.

この文は Show me ~, please. にあたります。

ヴ　　ザ　　ナヴェ　　ドートル
Vous en avez d'autres?

d'autres は英語の others です。avez (= have) の前にある
en は一種の代名詞で、話題に上っている名詞 (この場合は品
物) を示します。

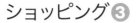

服を試着する

試着してもいいですか?

サイズが合わないときには

ちょっと大き(小さ)
すぎます。

気に入ったときには

これが気に入りました。

ジュ プ エ セ イ エ
Je peux essayer?

Je peux は英語の I can にあたります。語尾を上げ、「ジュプゥ」(Je peux?) と言うだけでも通じます。essayer は try にあたる動詞で、「試着」以外に「試食」「試飲」にも使えます。

セ アン プー トロ
C'est un peu trop
グラン プティ
grand (petit).

un peu は「ちょっと」で、a little にあたる大切な語句です。trop は「あまりに」の意味です。

サ ム プレ
Ça me plaît.

plaît は「気に入る」という意味の動詞です。「気に入らない」ならば、文末に pas (パ) を置いて否定してください。

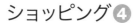

ショッピング❹

値段を尋ねる

これはいくらですか？

値段を聞いたらビックリ！

高すぎます！

値切ってみましょうか

すこし安くして
もらえませんか？

セ　　コンビヤン
C'est combien?

Combien (＝How much) だけでも通じます。

セ　トロ　シエール
C'est trop cher!

cher が「高い」という意味。この形容詞は英語の dear に
あたり、「親愛なる」という意味にも使います。「安い」は
bon marché（ボンマルシェ）と言います。

ヴ　ヌ　プ ヴェ　パ
Vous ne pouvez pas
ベ　セ　アン　プー
baisser un peu?

Vous ne pouvez pas ~? は否定疑問文で「～できませんか」
の意味です。baisser は「下げる」という動詞です。

057

いろいろ買って合計額を尋ねる

全部でいくらですか？

クレジット・カードで支払いたいときには

カードで払えますか？

こんな言い方も知っていると便利

ただ見ているだけです。

サ フェ コンビヤン
Ça fait combien?

fait = make(s)で、「(合計が)～になる」という意味です。
いろいろ買い物をしたときに使いましょう。

ジュ プ ペイエ アヴェック
Je peux payer avec
ラ カルト ドゥ クレディ
la carte de crédit?

payer は英語の pay で、つづりが似ていますね。
avec は前置詞で with にあたります。

ジュ ル ガルド スォールマン
Je regarde seulement.

regarde は英語の look です。seulement は only にあたります。

いろいろな「すみません」

すみません。ごめんなさい。

失礼。すみません。

本当にすみません。

エクセキュゼ　モワ
Excusez-moi.

英語の Excuse me. にあたります。
フランス語の方があやまる気持ちがこもります。

パル　ドン
Pardon!

人の前を通ったり、他人に話しかけるときに使います。

ジュ スユイ　ヴ レ マ ン
Je suis vraiment
デ ゾ レ
désolé(e).

英語なら、I am truly sorry. です。vraiment は形容詞 vrai（ヴ
レ = true）の副詞形で、フランス語ではよく使う単語です。

相手にあやまられたら、こう答えます

大したことないと言うときには

なんでもありません。

このフレーズもよく使います

大丈夫です。

それでも相手が気にしているときは

どうぞご心配なく。

サ ヌ フェ リヤン
Ça ne fait rien.

ne ～ rien の 2 語で、英語の nothing になります。fait は、「する、作る」という意味で、原形 faire（フェール）の 3 人称単数現在の形です。

オカン プロブレーム
Aucun problème.

英語の No problem. です。要するに「なんの問題もない！」ということです。aucun (=no) は、日本語の「おかん」（お燗、悪寒、お棺）みたいな発音ですね。

ヌ ヴ ザンキテ パ
Ne vous inquiétez pas.

英語なら Don't worry. です。フランス語の否定命令文は Ne +動詞の命令形 +pas. になります。また、「心配する」は、代名動詞といって人称代名詞の me や vous をその前に置きます。

さがしている場所を言う

～をさがしています。

行き方を尋ねる

駅へはどう行くのですか?

地図を出して今いる場所を尋ねる

ここはどこですか?

ジュ　シェルシュ
Je cherche ~

英語の I am looking for ~ にあたります。フランス語には現在進行形がなく、現在形でよいので簡単です。このフレーズは場所だけでなくいろいろと使えます。

コ　マン　　フェ　トン
Comment fait-on
プール　アレ　ア　ラ　ガール
pour aller à la gare?

comment = how です。「駅へ行くためにはどうするのか？」が文字どおりの意味です。

ウ　　ソ　ム　　　　ヌ
Où sommes-nous?

「私たちはどこにいますか？」が文字どおりの意味です。

ここから行き先までの道のりは？

ここから遠いですか？

. . .

かかる時間を尋ねる

歩いてどのくらい
かかりますか？

. . .

交通手段を尋ねる

地下鉄で行けますか？

. . .

セ　　　ロワン　ディスィ
C'est loin d'ici?

英語にすると、It's far from here?です。loin が「遠い」、d'ici は de ici が合体した形で「ここから」という意味です。

コン ビ ヤン　ドゥ　タン
Combien de temps
フォ ティル ア ピ エ
faut-il à pied?

Combien de tempsが英語のhow longで、これだけ言っても通じます。faut-il = does it take、à pied = on foot（歩いて）です。

オン プ　　アレ　アン　メ ト ロ
On peut aller en métro?

メトロ(métro)は「地下鉄」ですね。
「地下鉄で行く」は、aller en métro と言います。

キーワード①

右 / 左

キーワード②

まっすぐ

キーワード③

ここ / そこ / あそこ

ア　ドロワット　　ア　ゴーシュ
à droite / à gauche

道を尋ねても、フランス語の「右左」がわからなければ
困りますね。

トゥッ　ドロワ
tout droit

英語では straight on ですね。「右」の droite（ドロワット）
と似ているので間違えないように！

イスィ　ラ　ラ　バ
ici / là / là-bas

場所を表わす副詞を3つまとめて覚えましょう。
英語なら、here / there / over there ですね。

カフェで

空いている席に座る前に確認

ここは空いていますか?

ウェーターを呼んで

すいません、お願いします!

コーヒーを注文してみよう

カフェを2つください。

セ　　リーブル
C'est libre?

libre は英語の free です。単に Libre?（リーブル）と聞くだけでも通じますが、ひとりでいる女性に対して言うと「おひまですか?」なんて意味にとられるかもしれません。

ガルソン　スィル　ヴ　　プレ
Garçon, s'il vous plaît!

もちろん S'il vous plaît! だけでもOK。garçon は英語の boy（男の子）です。カフェのウェーターは年寄りでも「ガルソン」と言います。

ドゥ　　カフェ
Deux cafés,
スィル　　ヴ　　　　プレ
s'il vous plaît.

「カフェ」はコーヒーの意味にも使います。この場合 cafés は複数形で s が付いていますが、フランス語では発音しません。ひとつなら un café（アンカフェ）です。

席があるかどうか確認します

3人の席、ありますか?

予約をしてあるときには

予約済みなのですが。
名前はヤマトです。

メニューを頼むとき

メニューをください。

ヴ　ザヴェ　ドゥラ　プラス
Vous avez de la place
プールトロワ　ペルソンヌ
pour trois personnes?

このフレーズは電話で予約するときにも使えます。
「3人の席」は、「3人のための場所」と言います。

ジェ　レザルヴェ
J'ai réservé.
モン　ノン　エ　ヤマト
Mon nom est Yamato.

「予約済み」は réservé と言います。英語の reserved です。
「名前」は nom で、男性名詞なので mon が付きます。

ラ　カルト　スィル　ヴ　　プレ
La carte, s'il vous plaît.

「メニュー」は、carte (「カード」のこと) と言います。
フランス語で menu (ムニュー) は、「コース料理」の
ことなのでお間違えなく。

レストランで❷

注文したい料理が決まったら

これとこれをください。

日替わりの料理を尋ねてみる

今日の定食は何ですか?

おすすめの料理を尋ねてみよう

ここのおすすめは何ですか?

ジュ ヴドレ サ エ サ
Je voudrais ça et ça.

指でさして、こう言うのがいちばん簡単です。

ケ レ ル プラ デュ ジュール
Quel est le plat du jour?

le plat は「一品料理」で、du jour は「今日の」という意味です。
レストランのその日のおすすめなので、これを注文するのも手
軽でいいかもしれません。

ケ レ ラ スペシャリテ
Quelle est la spécialité
ドゥ ラ メ ゾン
de la maison?

spécialité は、英語の specialty で得意料理のことです。
maison は普通「家」の意味ですが、ここでは「店」のことです。

ワインを注文したければ

それから、赤ワインをグラスでください。

お水が飲みたければミネラルウォーターを

私にはミネラルウォーターをください。

注文した料理と違ったものが来たときには

これは注文していません。

エ ピュイ アンヴェール ドゥ ヴァン
Et puis, un verre de vin
ルージュ スィル ヴ プレ
rouge, s'il vous plaît.

レストランで「飲み物は何にしますか?」(Comme boisson? コム ボワソン) と聞かれたら、ワインはボトル (une bouteille ユンヌ ブ テーイユ) かカラフ (une carafe ユンヌ カラフ) で普通は頼みます。

ジュ ヴ ドレ ユンヌ オ
Je voudrais une eau
ミネラル スィル ヴ プレ
minérale, s'il vous plaît.

お水が出てこないレストランがほとんどなので、有料ですが ミネラル・ウォーターを注文しましょう。

ジュネ パ コ マ ン デ サ
Je n'ai pas commandé ça.

現在完了の文です。avoir (= have) + 過去分詞の形を使うのは 英語と同じ。「私」を主語にすると、j'ai + 過去分詞になります。 否定文は je n'ai pas + 過去分詞です。

料理の味をほめるときには

これはおいしい!

食べ終わって

とてもおいしかったです。

テーブルで勘定を払うときには

お勘定、お願いします。

セ　　　ボン
C'est bon !

英語なら It tastes good! です。「まずい!」ときには、bon を
mauvais（モーヴェ = bad）に代えて言ってください。

セ　テ　　トレ　　ボン
C'était très bon.

c'était は、c'est の過去形です。正式には半過去と言いますが、
英語の it was だと思ってかまいません。

ラディスィヨン スィル ヴ　　プレ
L'addition, s'il vous plaît.

「計算、お願いします」ということです。
addition は「足し算」の意味です。

ファースト・フードで

注文する

ハンバーガーとコーラを
ください。

ここで食べるときには

ここで食べます。

ここで食べずに持ち帰りたいときには

持って帰ります。

アン　アン　ブルガー　エ　アン　コカ
Un hamburger et un coca,
スィル　ヴ　　プレ
s'il vous plaît.

フランス語は単語の頭のhを発音しないので、ハンバーガーは「アンブルガー」となります。コカコーラは「コーラ」でなく「コカ」と略して言います。

セ　　プール　マンジェ　イスィ
C'est pour manger ici.

「それはここで食べるためです」という意味です。

セ　　プー　　ランポルテ
C'est pour emporter.

emporter が「持っていく」という意味です。

単語帳（飲み物）

café (m.) (カフェ) ··· コーヒー
café au lait (m.) (カフェオレ) ································· カフェオレ
thé (m.) (テ) ·· 紅茶
chocolat (m.) (ショコラ) ·· ココア
jus d'orange (m.) (ジュドランジュ) ························· オレンジジュース
orange pressée (f.) (オランジュプレッセ) ·· 搾りたてオレンジジュース
citron pressé (m.) (スィトロンプレッセ) ·· 搾りたてレモンジュース

bière (f.) (ビエール) ··· ビール
  demi (m.) (ドゥミ) ·· 中ジョッキー
  bock (m.) (ボック) ·· 小ジョッキー
  vin (m.) (ヴァン) ··· ワイン
  vin rouge (ヴァンルージュ) ································· 赤ワイン
  vin blanc (ヴァンブラン) ···································· 白ワイン
  vin rosé (ヴァンロゼ) ··· ロゼワイン
  sec (セック) ···本· 辛口
  demi-sec (ドゥミセック) ·· 中辛口
  doux (ドゥー) ·· 甘口
  champagne (m.) (シャンパーニュ) ·························· シャンペン
  brut (ブリュット) ················· 辛口 (シャンペンに使います)
  cidre (m.) (スィードル) ··· リンゴ酒

apéritif (m.) (アペリティフ) ······································· 食前酒
  cassis (m.) (カシス) ············· カシス (黒スグリ) の実のリキュール
  kir (m.) (キール) ·········· 白ワインにカシスのリキュールを加えたもの
  martini (m.) (マルティニ) ······· イタリア産のベルモット(赤と白がある)
  porto (m.) (ポルト) ········ ポートワイン(ポルトガル産の強くて甘口のワイン)
  anisette (f.) (アニゼット) ········ アニス(ういきょう)酒。銘柄ではリカール
  (Ricard) やペルノー(Pernod) が有名。香味が強いので水割りにする

digestif (m.) (ディジェスティフ) ································ 食後酒
  cognac (m.) (コニャック) ··················· コニャック地方産のブランデー
  armagnac (m.) (アルマニャック) ····· アルマニャック地方産のブランデー
  calvados (m.) (カルヴァドース) ················· リンゴのブランデー
  kirsch (m.) (キルシュ) ······················ サクランボのブランデー
  framboise (f.) (フランボワーズ) ··············· キイチゴのリキュール

(m.) 男性名詞　(f.) 女性名詞

単語帳（パン・軽食）

pain (m.) (パン) .... パン
  bâtard (m.) (バタール) ..... 太くて短いフランスパン（「雑種」の意味）
  baguette (f.) (バゲット) . 長い棒状のフランスパン（「杖」の意味）
  ficelle (f.) (フィセル) .... 細くて長いフランスパン（「ひも」の意味）
  pain noir (m.) (パンノワール) .... 黒パン
  pain de mie (m.) (パンドゥミ) ...... 食パン（「身のパン」の意味）
  croissant (m.) (クロワサン) ...... クロワッサン（「三日月」の意味）
  brioche (f.) (ブリオッシュ) ... 円い形の菓子パン（「太鼓腹」の意味）
  pain de campagne (m.) (パンドゥカンパーニュ) ..... 田舎パン

sandwich (m.) (サンドウィッシュ) ....バゲットで作るサンドイッチ
quiche (f.) (キッシュ) .... ハムやチーズの入ったパイ
croque-monsieur (m.) (クロクムスィユー) ....
    ハムサンドイッチにチーズを乗せてオーヴンで焼いたもの
croque-madame (m.) (クロクマダム) ....
        クロクムスィユーに目玉焼きが乗っているもの
crêpe (f.) (クレープ) .... クレープ
tartine (f.) (タルティーヌ) .. 薄切りのパン（バターやジャムを塗って食べる）
biscotte (f.) (ビスコット) .... 固く焼いた食パン（ラスク）

beurre (f.) (ブォール) .... バター
confiture (f.) (コンフィテュール) .... ジャム
pâté de foie (f.) (パテドゥフォワ) .... レバーペースト
saucisson (m.) (ソースィソン) .... サラミソーセージ
œufs (m.pl.) (ウー) .... 卵
  œuf à la coque (m.) (ウォファラコック) .... 半熟ゆで卵
  œuf sur le plat (m.) (ウォフスュールルプラ) .... 目玉焼き
  œuf au jambon (m.) (ウォフオジャンボン) .... ハムエッグ
  omelette (f.) (オムレット) .... オムレツ
pommes frites (f.pl.) (ポムフリット) .... フライドポテト

(m.) 男性名詞　(f.) 女性名詞　(pl.) 複数形

083

単語帳（フランスの食材・名物料理）

トリュフ
truffe (f.)
きのこの一種。稀少で高価。香りがよく、料理の材料にも使われる。最高級はペリゴール産の黒トリュフ。ほかに赤や紫、白のトリュフもある。炭火で蒸し焼きにして食べると美味。

フォワグラ
foie gras (m.)

特殊な飼育法によって肥大させたガチョウやカモの肝臓。湯せんしてから切り分けて食べたり、ペーストにしてオードブルに使ったりする。

ピジョノー
pigeonneau (m.)
子鳩。巣立ち前の鳩のひなは肉が柔らかく美味。身を半開きにして、網焼きやオーブンで焼いて食べる。

ユイットル
huître (f.)
カキ。冬には生で食べるが、料理の材料にも使う。

ラパン
lapin (m.)
ウサギ。若鶏に似た食感。肉の味はやや劣るので、野菜を加えワインで煮込んで食べることも多い。

テット ドゥ ヴォー
tête de veau (f.)
仔牛の頭。ブイヨンの中で玉ねぎやにんじんを加えて煮込んでから食べる。

グルヌイユ
grenouille (f.)

カエル。腿肉に小麦粉で衣をつけバターで炒める。パセリをふり、レモン汁で食べる。

エスカルゴ
escargot (m.)
カタツムリ。一週間断食させたカタツムリを塩水に漬け、ねばり気をとってから調理する。ブイヨンで煮込んで、味付けしたあと、にんにく・パセリ・パン粉・バターなどをカタツムリの身と一緒に詰めてオーブンで焼く。

セルヴェル
cervelle (f.)
仔牛の脳みそ。ゆでてから、バターで炒めたり、蒸したりして食べる。白くてつやがあり、大きなマシュマロといった感じ。食感は柔らかいレバーに似ている。高級料理のひとつ。

ブイヤベース
bouillabaisse (f.)
魚介類をトマト・にんにく・サフランなどで煮込んだプロヴァンス料理。

ブーダン
boudin (m.)
豚の血と脂身の腸詰。白ブーダンは血を入れず、脂の少ない豚肉、鶏肉、牛乳などを混ぜて作る腸詰。

ポトフ
pot-au-feu (m.)
牛肉と野菜をとろ火で煮込んだ、代表的な家庭料理のひとつ。

フォンデュ
fondue (f.)
スイスが有名だが、フランスでも食べる。チーズフォンデュとオイルフォンデュの2種類ある。

(m.) 男性名詞　(f.) 女性名詞

単語帳(肉料理)

viande(f.) (ヴィヤーンド)　肉

bœuf(m.) (ブフ) ··· 牛
- **rôti de bœuf** (ロティドゥブフ) ······················· ローストビーフ
- **steak**(m.) (ステーク) ·· ステーキ
- **châteaubriand** (シャトブリヤン) ················ 分厚いひれ肉のステーキ
- **faux-filet** (フォーフィレ) ············· サーロイン(腰部の背骨の両側にある肉)
- **entrecôte** (アントルコート) ··················· リブロース(肋間の肉)
- **tournedos** (トゥルヌド) ················ ひれ肉の厚い切り身、脂身
- [ステーキの焼き具合をフランス語で言うと]
- **saignant** (セニャン) ················ レア(「血がしたたる」という意味)
- **à point** (アポワン) ·················· ミディアム(「ほどよく」という意味)
- **bien cuit** (ビヤンキュイ) ············ ウェルダン(「よく焼いた」という意味)

veau (m.) (ヴォー) ·· 仔牛
- **brochette de veau** (ブロシェットドゥヴォー) ·············· 仔牛の串焼き
- **escalope de veau pannée** (エスカロップドゥヴォーパネ) 仔牛の薄切りカツレツ
- **blanquette de veau** (ブランケットドゥヴォー) ······ 仔牛のクリーム煮
- **ris de veau** (リドゥヴォー) ········· 仔牛の胸腺肉のホワイトソースあえ
- **foie de veau sauté** (フォワドゥヴォーソテ) ······ 仔牛のレバーのソテ
- **rognons de veau sautés** (ロニョンドゥヴォーソテ) 仔牛の腎臓のソテ

porc(m.) (ポール) ·· 豚
- **rôti de porc** (ロティドゥポール) ······················· ローストポーク
- **côte de porc** (コートドゥポール) ······················· 豚の背肉
- **côtelette de porc** (コトレットドゥポール) ··············· 豚のあばら肉

agneau(m.) (アニョー) ··· 仔羊
- **côte d'agneau** (コートダニョー) ························· 仔羊の背肉
- **côtelette d'agneau** (コトレットダニョー) ··············· 仔羊のあばら肉

mouton(m.) (ムトン) ··· 羊
- **gigot de mouton** (ジゴドゥムトン) ······················ 羊のもも肉

poulet(m.) (プレ) ··· 若鶏
- **poulet rôti** (プレロティ) ··························· ローストチキン

coq (m.) (コック) ·· 牡鶏
- **coq au vin** (コックオヴァン) ······················· 牡鶏のワイン煮込み

canard (m.) (カナール) ·· 鴨
- **canard à l'orange** (m.) (カナールアロランジュ) ··· 鴨肉のオレンジ添え

(m.) 男性名詞　(f.) 女性名詞

fromage(m.) (フロマージュ)　チーズ

数百種類あると言われるフランスのチーズ
は、生チーズと発酵チーズの２つに大きく
分けられます。日本でも有名なカマンベー
ルやブリは発酵チーズです。レストランで
はデザートの前に、皿に盛り合わせた数
種類のチーズから好きなものを選びます。

fromage blanc (m.) (フロマージュブラン)
白い生チーズ。熟成前に水分をとって造ったクリームのような一種の牛乳。

camembert (m.) (カマンベール)
白カビのチーズ。ノルマンディー地方産の軟質チーズ。カマンベールは原
産地名。

brie (m.) (ブリ)
白カビのチーズ。パリ東方の旧ブリ地方産の柔らかいチーズ。

bleu (m.) (ブルー)
青カビのチーズ。塩辛く、においも強い。オーベルニュ地方産 (bleu
d'Auvergne) などが有名。

fromage de chèvre (フロマージュドゥシェーヴル)
山羊 (やぎ) の乳から造ったチーズ。

◎チーズの品種は産地名で呼ぶものが多い。

coulommiers (クーロミエ)　　　パリの東郊にある町クーロミエ産。

maroilles (マロワル)　　　　　　北フランスの村マロワル産。

munster (マンステール)
ヴォージュ地方の町マンステール産。ウォッシュタイプチーズで有名。

pont-l'évêque (ポンレヴェク)
ノルマンディー地方ポンレヴェク産。ウォッシュタイプチーズで有名。

livarot (リヴァロ)
ノルマンディー地方リヴァロ産。ウォッシュタイプチーズで有名。

gruyère (グリュイエール)
スイスのグリュイエール産。穴のあるチーズで堅い。

roquefort (ロクフォール)
ルエルグ地方ロクフォール産。羊乳のブルーチーズ。

(m.) 男性名詞　(f.) 女性名詞

単語帳(デザート)

dessert(m.) (デセール)　デザート

食後のデザートはフランスの菓子職人 (pâtissier パティシエ) の腕の見せ所。色鮮やかなデザートを賞味しましょう。

tarte(f.) (タルト) .... タルト

パイ生地を円形の型に入れて焼き、果物やクリームを飾った菓子。tarte aux ～ (タルト オ ～) で「～のタルト」。～の部分には果物の複数形が入ります。「りんご」pommes (ポム)、「いちご」fraises (フレーズ)、「洋ナシ」poires (ポワール)、「桃」pêches (ペッシュ)、「あんず」abricots (アブリコ) など。

tarte Tatin (タルトタタン) ─────────────── アップルパイ
tarte aux noix (タルトオノワ) ─────────── クルミのタルト

gâteau(m.) (ガトー) .... ケーキ

gâteau au chocolat (ガトーオショコラ) ──────── チョコレートケーキ
gâteau aux amandes (ガトーオザマンド) ─────── アーモンドケーキ
gâteau à la crème (ガトーアラクレーム) ──────── 生クリームケーキ
gâteau de riz (ガトードゥリ) ─────────── ライス・プディング

charlotte(f.) (シャルロット) ────────── シャルロットケーキ

帽子状の型の内側にビスケットや食パンを貼り付け、フルーツやクリームを詰めて焼いた菓子。一般的にはメレンゲ仕立ての柔らかい生地を使う。

petits fours(m.pl.) (プティフール) ──── ひと口菓子の盛り合わせ

crêpe sucrée (クレープスュクレ) ──────────── 甘いクレープ

果物のジャムを入れて巻き、キルシュかラム酒をかけて火をつける。

crêpe Suzette (クレープシュゼット) ──────── オレンジ・クレープ

オレンジジュース入りクレープ。キュラソーとシャンペンをかけて火をつける。

crème caramel(f.) (クレームカラメル) ─────── カスタード・プリン
soufflé(m.) (スフレ) ─────────── 泡立てた卵白の焼き菓子
glace (f.) (グラース) ─────────────── アイスクリーム

バニラ (vanille ヴァニーユ)、チョコレート(chocolat ショコラ) など各種。

sorbet(m.) (ソルベ) ──────────────── シャーベット
marquise glacée(f.) (マルキーズグラセ) ─────── シャーベット

フルーツ入りシロップの氷菓子。マルキーズだけならチョコケーキを意味する。

mousse glacée(f.) (ムースグラセ) ──────── クリーム・ムース

果物のピュレとクリームを混ぜ、氷の上で軽く泡立てたもの。

compote(f.) (コンポート) ────────────── 果物のシロップ煮

(m.) 男性名詞　(f.) 女性名詞　(pl.) 複数形

電車の切符を買う

リヨン片道2枚ください。

乗り換えがあれば

乗り換えなければ
いけませんか?

電車の行き先を確認するときには

これはどこ行きですか?

ドゥ　ザレ　　サンプル　　プール
Deux allers simples pour
リヨン スィル ヴ　プレ
Lyon, s'il vous plaît.

1枚なら un（アン）です。片道切符は aller simple ですが、往復切符は aller retour（アレ ルトゥール）と言います。

イル フォ　　シャンジェ
Il faut changer?

Il faut + 動詞の原形で、「〜しなければならない」の意味です。主語は非人称の il(=it) なので、形が決まっていて使いやすいフレーズです。発音が違いますが、changer は英語の change です。

セ　　プール　ウ
C'est pour où,
スィル　ヴ　　プレ
s'il vous plaît?

où（ウ）が「どこ、どこに」です。

交通機関を利用する❷

列車で行けるかどうかを確認する

ここから〜行きの列車は 出ていますか?

列車の出発時刻を尋ねる

列車は何時に出発しますか?

行き先までの時間を尋ねる

マルセイユまで行くのに どのくらいかかりますか?

イ リ ヤ デ トラン プール
Il y a des trains pour
ディスイ
~ d'ici?

Il y a ~ は「~があります」という意味で、英語の There is ~,
There are ~ にあたる大切なフレーズです。

ル トラン パール
Le train part
ア ケ ル オール
à quelle heure?

part が「出発する」で、3人称単数現在形。
à quelle heure は「何時に」です。

イルフォ コンビヤン ドゥ タン
Il faut combien de temps
プール アレ ア マルセイユ
pour aller à Marseille?

Il faut は所要時間の表現でも使い、「~するのに3時間かかる」なら Il
faut trios heures pour + 動詞の原形と言います。combien de temps
= how long で、疑問文なら Combien de temps faut-il ~? です。

パリの地下鉄は複雑です

地下鉄の路線図が
ほしいのですが。

地下鉄がそこを通るかどうかを尋ねる

これは〜を通りますか？

次の停車駅を尋ねる

次に止まるのはどこですか？

ジュ ヴドレ アン プラン
Je voudrais un plan
ドゥ メトロ
de métro.

普通の「地図」は carte (カルト) ですが、街の案内図や乗り物の
路線図は plan と言います。

イル パス ア
Il passe à ~ ?

passe は英語の pass と同じです。

ケ レ ル プロ シャン
Quel est le prochain
ア レ
arrêt?

prochain は英語の next です。 arrêt は「停止」の意味ですが、
「行く」という動詞の aller とは発音が違います。 arrêt は「アゲ」
と言う感じで「アレ」と発音するといいでしょう。

タクシーで行き先を言う

Xホテルへ行ってください。

タクシーを降ろしてもらう

ここで止めてください。

お釣りをチップとしてあげるときには

お釣りは、
とっておいてください。

オテル　イックス
Hôtel X ,
スィル　ヴ　プレ
s'il vous plaît.

地名や場所の後ろに、スィルヴプレをつければOKです。

アレテ　イスィ
Arrêtez ici,
スィル　ヴ　プレ
s'il vous plaît.

arrêter は英語の stop です。「あそこで」なら、la-bas（ラバ）と言いましょう。

ガルデ　ラ　モ　ネ
Gardez la monnaie.

英語の Keep the change. です。monnaie（モネ）は、英語の money と同じ語源の単語ですが、「小銭」の意味になります。フランス語で「お金」は argent（アルジャン）と言います。

観光 ❶

まずはツーリスト・インフォメーションへ

旅行案内所はどこですか？

観光ツアーがあるかどうか尋ねる

半日のツアーはありますか？

訪問したい場所が開いているかどうか確認

ヴェルサイユ宮殿は今日開いていますか？

ウ　エ　ロフィス　ドゥ
Où est l'office de
トゥリスム
tourisme?

地方都市の観光協会は le syndicat d'initiative (ルサンディカ
ディニスィアティーヴ)と言います。

ヴ　ザヴェ　デ　ゼクスキュルスィヨン
Vous avez des excursions
デュンヌ　ドゥミ　ジュルネ
d'une demi-journée?

excursion (エクスキュルスィオン) は英語と同じですね。ただ、フ
ランス語の発音はちょっと難しい。demi(ドゥミ)は「半分」です。
「一日」なら、une journée (ユンヌ ジュルネ) と言います。

ル　シャトー　ドゥ　ヴェルサイユ
Le Château de Versailles
エ　ティルウヴェール　オジュールドゥイ
est-il ouvert aujourd'hui?

est-ilは、前の男性名詞 (単数) を受けて疑問形にしたものです。
英語なら is heですね。「お城」(シャトー)が男性名詞だからです。
ouvert=openで、aujourd'hui (オジュールドゥイ) = todayです。

パリのパノラマが見たい

エッフェル塔に
行きたいのですが。

ノミの市を訪ねたいとき

この近くにノミの市は
ありますか?

アンティークが買いたいとき

アンティークの店は
どの辺にありますか?

ジュ ヴ ドレ ヴィズィテ
Je voudrais visiter

ラ トゥー レッフェル
la Tour Eiffel.

visiter は英語の visit(訪れる)で、場所や建物をあとに置いて
使える便利な動詞です。「エッフェル塔」のところをいろいろ
言い換えて使ってください。

イ ア ティル アン マルシェ
Y a-t-il un marché

オ ピュス プレ ディスィ
aux puces près d'ici?

Y a-t-il ~? は「～がありますか」という意味で英語の Is there ~?/
Are there ~? にあたります。marché が「市場」で、puce(s) は
虫の「蚤(ノミ)」です。pres d'ici=near here です。

ダン ケル カルティエ
Dans quel quartier

イ ア ティル デ ザンティケール
y a-t-il des antiquaires?

quartier(カルティエ)は、街の「地区」のこと。英語の quarter にあた
る単語で、「4分の1」の意味もあります。antiquaire(s)(アンティケー
ル) は「骨董店」で、「骨董品」のほうは、antiquités(アンティキテ)。

古い建物の前で

この建物は何世紀の ものですか?

写真撮影がオーケーかどうか尋ねる

ここで写真を撮っても いいですか?

誰かに写真を撮ってもらう

ここを押してください。

ス　バティマン　ダット
Ce bâtiment date
ドゥ　ケル　スィエークル
de quel siècle?

date de ~ は「〜にさかのぼる」という意味です。
siècle = century（世紀）です。

オン　プ　プランドル
On peut prendre
デ　フォト　イスィ
des photos ici?

On peut ~?は会話的で、疑問文の形式をとるなら Peut-on ~?（プトン〜）になります。英語の Can I ~? / Can we ~? にあたります。

ア　ピュイエ　イスィ
Appuyez ici,
スィル　ヴ　プレ
s'il vous plaît.

appuyez は命令文の形です。原形は appuyer で、ボタンやスイッチを「押す」という意味で使う動詞です。

船に乗りたいとき

遊覧船の乗り場は
どこですか?

切符を買いたい

切符はどこで買えますか?

ライブ・ショーの予約は

今晩のショーを見る席を
予約したいのですが。

Où peut-on prendre

ウ プ トン プランドル

un bateau d'excursion?

アン バ トー デクスキュルスィヨン

セーヌ川(la Seine)の遊覧船 Bateau Mouche(バトー・ムッシュ)は、中にレストランもあって有名ですね。

Où peut-on

ウ プ トン

acheter des billets?

ア シュ テ デ ビ エ

「切符」は、列車・船・飛行機やコンサートなどの大きめで薄紙のものは billet (ビエ)で、地下鉄・バス・映画・食堂などの小さな厚紙のものは ticket (ティケ)と言います。

Je voudrais réserver une place

ジュ ヴ ド レ レ ゼル ヴェ ユンヌ プラース

pour le spectacle ce soir.

プール ル スペクタークル ス ソワール

パリのムーラン・ルージュ(Moulin Rouge「赤い風車」)やリド(Lido)のレヴュー (revue) が観たければどうぞ。

天気

快晴のとき

いい天気ですね!

夜になって冷え込んできた

寒いな。

あいにく外は雨

雨ですね。

ケル　ボー　タン
Quel beau temps!

感嘆文です。beau（ボー）は英語の beautiful ですが、つづりが似てますね。temps は「時」(= time) のほかに「天気」(= weather) の意味にも使います。

イル フェ　フロワ
Il fait froid.

天候・寒暖を表すには il (=it) を主語にします。ただし、動詞は faire（フェール =make, do）の現在形 fait を使います。天気が良くて「暑い」なら、Il fait chaud.（イルフェショー）です。

イル プル オ
Il pleut.

フランス語に現在進行形はありません。この文は、英語の It is raining. と It rains. の両方を表します。「雪が降っている」「雪が降る」は、Il neige.（イルネージュ）です。

まずは時刻の尋ね方から

何時ですか?

時刻を言う

7時です。

「何時に〜するか」と尋ねる

それは何時にはじまりますか?

ケ　　　ルオール　　エ ティル
Quelle heure est-il?

heure は英語の hour にあたる単語ですが、1時間、2時間の「時間」だけでなく、時刻の「〜時」の意味にも使います。est-il? は is it? と同じです。

イ　　レ　　　セ　　　トー ル
Il est sept heures.

「〜時」は、数 +heures（複数形）です。ただし、「1時」は une heure（単数形）。分はそのあとに数だけ加えます。7時25分なら、sept heures vingt-cinq（セトール ヴァンサンク）と言います。

サ　　コ　マ　ン　ス
Ça commence
ア　ケ　　　ルオール
à quelle heure?

「〜時に」と言うには前置詞の à を時刻の前に置きます。英語なら at ですね。「何時に」は à quelle heure で、「4時に」なら、à quatre heures（アカトロール）。Ça commence = It begins です。

試合が見たい

明日～の試合が
見たいのですが。

切符があるかどうか尋ねる

当日券はありますか?

席を確認する

自由席はどちらですか?

ジュ ヴ ドレ ヴォワール
Je voudrais voir
ル マッチ ドゥ ドゥマン
le match de ~ demain.

スポーツの「試合」は match と言います。~の部分には football（サッカー）、tennis（テニス）などを入れて使ってください。単語は英語と同じですね。あと、voir=see、demain= tomorrow です。

ピュイ ジュ アシュテ アン ティケ
Puis-je acheter un ticket
ダントレ プール オジュールドゥイ
d'entrée pour aujourd'hui?

Puis-je achter ~ ? は英語の Can I buy ~ ?です。 un ticket d'entrée は「入場券」で、ほかにもいろいろと使える単語です。

ウ ソン レ プラース
Où sont les places
ノン レゼルヴェ
non-réservées?

主語が複数名詞 les places なので、動詞は sont (=are) を使っています。切符を見せて「この席はどこですか」と聞くなら、Où est cette place? (ウ エ セット プラース) です。

応援する側を宣言する

私は〜を応援しています。

応援しましょう

ガンバレ！

見事なプレーで得点をあげました

やった！

ジュ スュイ プール
Je suis pour ~ .

このフレーズは簡単ですね。英語の I am for ~. にあたります。

アーレッ アーレッ
Allez, allez !

Allez ! は「行け」という命令文ですが、相手に何かを促すときの「さあ」「ほら」など、いろいろな場面で使います。応援では、「アーレッ、アーレッ、…」と何度も繰り返して叫びます。

ブラヴォー
Bravo !

英語と同じで、スポーツに限らず「すばらしい!」の意味で使います。

命令のひとこと ①

人を急がせるときに

急いで！

うるさいときに

静かに！

邪魔なときに

あっち行け！

ヴィット
Vite !

英語の fast にあたる単語です。

スィラーンス
Silence !

英語と同じつづりですが、「サイレンス」とは発音しないこと！

ヴァ タン
Va-t'en !

人に使うと失礼です。寄ってきた犬にでも使ってください。

命令のひとこと ❷

人を起こすときに

起きて！

犬にも子どもにも親しい人にも…

おすわり！すわって！

人を待たせるときに

待って！

ドゥブー
Debout!

英語の standing にあたる単語です。命令形で使うと Stand
up. (立て)、Get up. (起きろ)になります。

アスィ
Assis!

英語なら Sit down.です。「足」みたいな発音で覚えやすいか
も。

アタン
Attends!

英語なら Wait.です。vous で話す相手には、Attendez! (アタン
デ)になります。

大事なひとこと

緊急のときに

助けて！

危険を察知したら

あっ、あぶない！

泥棒に襲われたら

ドロボー！

オ　ス　クー　ル
Au secours !

英語なら Help! です。日本語の「お救う」に似ていますね。

アタンスィヨン
Attention !

「注意」という意味の名詞です。英語の attention と同じ。
でも発音が違う！

オ　ヴォロール
Au voleur !

英語なら A thief ! です。フランス語の発音はちょっと
「ドロボー！」に似ていますね？

食卓で

まずはグラス片手に

乾杯！

大皿に盛った料理を前に

お皿にどうぞ。

食欲もりもり

召し上がれ。

アヴォトル　サンテ
A votre santé !

santé = health で、「あなたの健康を祈って」カンパイです。

セルヴェ　　　　ヴ
Servez-vous.

フランス人の家庭に招かれて食事をするとき、大皿から自分の
取り皿に料理を取るようにいわれます。

ボ　ナペティ
Bon appétit !

appétit（アペティ）は、英語の appetite（アペタイト）と同じですが、
発音の違いに注意。「食欲旺盛に！」という意味です。相手にこ
う言われたら、同じことばで答えます。

なんか飲みたい…

ノドがかわきました。

なんか食べたい…

おなかがすきました。

休みたい…

疲れたなー。

ジェ　ソワフ
J'ai soif.

soif は「のどの渇き」という名詞です。

ジェ　ファン
J'ai faim.

faim は「飢え、空腹」という名詞です。英語なら hunger ですね。

ジュ スュイ　ファ ティ ゲ
Je suis fatigué(e).

fatigué(e)=tired です。これは形容詞なので、女性形には e を
加えます。発音は男性形と同じです。

漏れそう…

あー、行きたい。

変なもの食べたのかな？

おなかが痛い。

病気の徴候

熱があります。

ジュ ヴ ザレ
Je veux aller
ケルク パール
quelque part.

「トイレへ行く」は aller aux toilettes (アレ オ トワレット) ですが、「どこかへ」(quelque part ケルク パール) と言うところがミソ。

ジェ マ ロ ヴァントル
J'ai mal au ventre.

J'ai mal (ジェ マル) で「私は痛い」、後ろに場所を加えます。「頭が」なら à la tete (ア ラ テット)、「歯が」なら aux dents (オ ダン) です。前置詞 à と冠詞のことは気にせずそのまま覚えましょう。

ジェ ドゥ ラ フィエーヴル
J'ai de la fièvre.

fièvre は英語の fever (熱) です。

123

びっくりしたら

おやまあ!

くやしいとき

ちくしょう!

これもくやしいとき

クソッ!

オ ラ ラ ー
Oh la la!

日本語の「あららー」に似ていますね。

ズュットゥ
Zut!

「チェッ!」「しまった!」のように自分でドジを踏んだときにも使います。

メ ル ドゥ
Merde!

文字どおり「糞」です。汚いことばですが、フランス人は美しい女性も使っています。

幼児語

赤ちゃんをあやして

バア！ やぁ！

眠くなって

ねんね…

ピューッと出るから？

オシッコ！

クックー
Coucou!

もともとは鳥の「カッコー」のこと。若い恋人同士の間でも、よく使います。不意に現れて、相手を驚かす感じ。

ド　ド
Dodo...

これ一語で「ねんねしな」という命令形にもなります。

ピ　ピ
Pipi!

擬音語です。いい年をした大人も使うし、ペットの犬や猫にも使います。「ウンチ」は caca（カカ）と言います。

調子の悪そうな相手に

大丈夫？

具合の悪い相手に対して

どうぞお大事に。

相手の成功を祈って

じゃあ、がんばってね。

サ ヴァ パ
Ça va pas?

Ça va?（元気？大丈夫？）の否定疑問文もよく使います。「調子悪いの？」という感じです。

ソワニエ ヴ ビヤン
Soignez-vous bien.

英語の Take good care. にあたります。

ボン クラージュ
Bon courage !

courage は「勇気」です。これから試験を受けに行く人や難しい仕事をやろうとする人と別れるときに使います。

129

相手の家族を思いやって

奥さんによろしく。

これから休暇を楽しむ相手に

楽しいバカンスを！

旅行へ行く相手には

良いご旅行を！

トランスメテ　モン　ボン
Transmettez mon bon
スヴニールアヴォト　レ　プーズ
souvenir à votre épouse.

「私の良い思い出を〜に伝えてください」という意味です。「ご両親」なら、vos parents（ヴォパラン）と言い換えてください。

ボン　ヌ　　ヴァカーンス
Bonnes vacances!

フランス人はバカンスが大好きです。

ボン　ヴォワヤージュ
Bon voyage!

これは、日本語でも使う有名なフレーズですね。

131

失敗した人に

気にしないで。

相手の幸運を祈って

うまく行くといいね。

わざわざしてくれる相手の行為に対して

どうぞ おかまいなく。

スネ　パ　グラーヴ
Ce n'est pas grave.

「大したことじゃない」が文字どおりの意味。うっかり何かを壊したり、仕事でミスをしたり、病気になったりして落ち込んでいる人に対して使います。

ボン　シャーンス
Bonne chance!

英語の Good luck! です。

ヌ　ヴ　デランジェ　パ
Ne vous dérangez pas.

「動かずそのままで」という意味です。お茶を入れたり、見送ったりする相手の労をていねいに制するときに使います。

何にでも使える「好き」

私はチーズ(旅行)が 好きです。

相手に「好きかどうか」尋ねる

日本料理が好きですか?

「〜が気に入った」と言うときには

この絵がとても 気に入りました。

ジェム　ビヤン
J'aime bien

ル　フロマージュ　ヴォワヤジェ
le fromage (voyager).

J'aime bien の後にいろいろな名詞や動詞を置いて使える便利なフレーズです。ただし、男性名詞には冠詞の le を、女性名詞には la を付けてください。動詞は原形を後に続けます。

ヴ　ゼメ　ビヤン
Vous aimez bien

ラ　キュイズィーヌ　ジャポネーズ
la cuisine japonaise?

「あなたは〜が好きですか?」という疑問文で、これまたいろいろと使えますね。la cuisine japonaise は「日本料理」ですが、この部分をほかの名詞や動詞の原形で置き換えてください。

ス　タブロー　ム　プレ
Ce tableau me plaît

ボ　ク　ー
beaucoup.

主語をいろいろ代えて使えます。何か物をさして言うなら ça (それが)を主語にしてください。Ça me plaît beaucoup. (サムプレボクー)です。

「ねばならぬ」

私はあさって
出発しなければなりません。

「ねばならぬ」をもうひとつ

もう寝なくちゃ。

「許可」をとる

タバコを吸っても
いいですか?

ジュ ドワ パルティール
Je dois partir
アプレ ドゥマン
après-demain.

英語の I must です。Je dois+ 動詞の原形になります。après-demain は英語の the day after tomorrow ですが、フランス語は after tomorrow だけで OK.

イル フォ ドルミール
Il faut dormir.

これもよく使います。Il faut + 動詞の原形は、主語が「私」「私たち」「あなた」、いずれの場合にも、同じ形で使えるのでたいへん便利です。ぜひ覚えましょう。

ジュ プ フュメ
Je peux fumer?

英語の Can I ~ ?(~してもいいですか?)は、Puis-je ~ ?(ピュイジュ~) または Je peux ~ ? と言います。fumer は smoke(タバコを吸う)です。

「〜しませんか」と相手を誘う

カフェに入りませんか？

相手を誘う文をもうひとつ

ここで食事をするのは どうですか？

相手の興味を尋ねる

日本に興味がありますか？

ヴレ　　　　　ヴ　　　ザレ
Voulez-vous aller
オ　カフェ
au café?

Voulez-vous ~ ? は英語の Will you ~ ? にあたります。
相手を誘って「～しませんか」と言うときに使います。

ヴ　　ザヴェ　　アンヴィ
Vous avez envie
ドゥ　マンジェ　イスィ
de manger ici?

envie は「何かをしたい気持ち」を表す名詞です。Vous avez
envie de + 動詞の原形 ? で、「～するのはどうですか?」と相手
の意向を尋ねる疑問文になります。

ヴ　　ヴ　　　ザンテレセ
Vous vous intéressez
オ　ジャポン
au Japon?

「～に興味がある」は s'intéresser à ~ という形になり、s'(= se)
が英語の oneself で、フランス語にはこうした再帰動詞(代名動詞
という) がたくさんあります。2番目の vous が yourself です。

見たことも聞いたこともないとき

私は知りません。

話の内容を疑うときには

私は信じません。

相手の感想を尋ねるときには

あなたはそれを
どう思いますか?

ジュ ヌ ル セ パ
Je ne le sais pas.

英語のI don't know it.です。目的語の le は省いても通じます。
フランス人はこれを速く発音して「シェパ」と言っています。

ジュ ヌ ル クロワ パ
Je ne le crois pas.

英語のI don't believe it.で、「私はそう思わない」といった
意味でもよく使います。また、le は省けます。速く発音する
と「シュコワパ」のようになります。

コ マン ル トゥルヴェ ヴ
Comment le trouvez-vous?

trouver は英語の find（見つける）ですが、フランス語では「感
じる」「思う」の意味にも使います。Je le trouve très bien.（ジュ
ル トゥルヴ トレ ビヤン）は「私はそれを大変良いと思います。」

ことばに詰まったときには

どう言ったら
いいでしょうか…。

意味不明なことを尋ねる

それはどういう意味ですか?

フランス語で言うと

〜はフランス語で
何と言いますか?

Comment dire...?

コ マ ン ディール

言いたいことがうまく言えないときには、このフレーズを使って間を置いてください。

Ça veut dire quoi?

サ ヴ ディール コ ワ

英語で言うと、What does it mean? です。

Comment dit-on ~ en français?

コ マ ン ディ トン
アン フランセ

英語で言うと How do you say ~ in French? です。主語の on はこの場合一般的な人々を表します。～の部分には、英単語などを入れて使ってください。

「～だった」という過去形です

それはつまらなかった。

「～へ行った」という過去形です

きのう私は映画へ行きました。

「～へ行ったことがある」は

あなたは～へ行った
ことがありますか?

セ テ　アンニュイユォー
C'était ennuyeux.

C'est ~. の過去形は C'était ~. (それは〜だった) です。この形は
フランス語では半過去と言って、近い過去の事柄を表すときに
使います。ennuyeux は ennui (アンニュイ＝退屈) の形容詞です。

イエール　ジュ スュイ　　ザレ
Hier, je suis allé(e)
オ　スィネマ
au cinéma.

複合過去の形です。「私は〜した」は、j'ai (=I have) ＋過去分詞と、
je suis (=I am) ＋過去分詞があり、「行った」は後者を使います。
allé(e) は aller (行く) の過去分詞。「私」が女性なら e を付けます。

ヴ　ゼット　デジャ
Vous êtes déjà
アレ　ア
allé(e) à ~?

これも複合過去です。déjà は「すでに」「以前に」という意味の
副詞です。前置詞 à の後には都市名などを置きますが、「日本
へ」なら au Japon (オ ジャポン) と言います。

すばらしいものに感動したときに

ステキ！最高！

くたくた、ばてばて、なときに

もうダメ！

笑ってしまうときにも、変だと思うときにも

おかしい！

スュペール
Super!

英語の super にあたる単語です。「すばらしい!」「うまい!」「お見事!」など、なんでも使えます。

ジュ スュイ　クルヴェ
Je suis crevé(e)!

crevé(e) は、「パンクした」がもとの意味です。
人に使うと「くたばった」で、フランス人が会話でよく使います。

セ　ドロール
C'est drôle!

日本語と同じように「こっけいな」と「奇妙な」の2つの意味に使います。

はっきり答えられないときに

たぶん…。そうかも…。

不可能、ありえない、無理など

ありえない! ダメ!

日本人が好んで使う表現ですが…

どっちでもいい。

プ　テートル
Peut-être....

確信がもてないときや態度を保留するときに使ってください。
たとえば、人に誘われたときにこう言うと、「どっちなんだよ!」
と思われるかも…。

パ　ポスィーブル
Pas possible !

英語の Not possible! です。信じられない話を聞いたときや非
常識な申し出を受けたときに使います。女性なら、男の誘いを
きっぱり断るときにどうぞ。

サ　メ　テガール
Ça m'est égal.

égal は英語の equal です。このフレーズ、フランス人もよく使
います。「鮫、手がある」みたいな発音ですね。

相手を待たせるときには

ちょっと待って！

賛成、了解したときに

オーケー。いいよ。

「当たり前」

そりゃそうさ。普通でしょ。

アン　モ　マン
Un moment!

英語の A moment! にあたります。
ただし、発音に注意してください。

ダ　コ　ー　ル
D'accord.

英語の O.K. もフランス語では使いますが、ほぼ同じ意味で
このことばもよく使います。若い人は、略して D'acc（ダック）と
言っています。

セ　　ノルマル
C'est normal.

normal は英語と同じです。「正常な」「普通の」という意味です
が、会話で使うと「もっともだ」「当たり前」みたいになります。

相手になにかいいことがあったら

ついてますね。

もっと祝福したければ

おめでとう！

うまく行かなかったときに

しかたがないね。

ヴ ザヴェ ドゥ ラ シャーンス
Vous avez de la chance.

「あなたは幸運を持っている」が文字どおりの意味です。
chance は英語なら「チャンス」ですが、フランス語は「シャーン
ス」と発音します。

フェリスィタスィヨン
Félicitations!

英語の Congratulations! です。「誕生日」「婚約」「合格」「昇進」
など個人的におめでたいことなら、なんでも使えます。

タン ピ
Tant pis!

「おあいにくさま」です。相手にだけでなく、自分に対しても使い
ます。大阪弁なら「しゃあない!」ですかね。それと反対の意味
の Tant mieux!(タン ミュー)もどうぞ。「良かったじゃん」です。

人に誘われて

いいね。異議なし。

相手の希望に同調して

お好きなように。

先のことはわからないけど

なんとかなるでしょ。

プル コ ワ　パ
Pourquoi pas?

英語の Why not? と同じ。相手の提案・誘いに対して「断わる理由はないでしょ」「もちろん、いいとも」と同意するときに使います。

コ ム　ヴ　ヴ レ
Comme vous voulez.

「あなたがお望みなら、私も付き合います」という感じ。親しい間柄なら、Comme tu veux. です。

オン　ヴェ ラ
On verra.

verra は voir（見る）の未来形で、「そのときになれば、わかるさ」という意味。予想できないけど、ともかくやってみよう、行ってみようというときに使います。

155

時と場合によるとき

ケースバイケースですね。

ようやく完了

やった！ 終わった！

相手まかせ？

何でもいいです。

サ デ パン
Ça dépend.

英語の That depends. と同じ。「状況次第で変わるから、何とも言えないな」という感じ。

サ イ エ
Ça y est!

「ヨッシャ!」「しめた!」など、うまく行った時にも使います。

ナン ポルト コワ
N'importe quoi.

quoi = what です。この部分をいろいろな疑問詞に置きかえて使えます。où（どこ）、quand（いつ）、qui（誰）など。

相手が親切でとても良い人だと思ったら

ご親切にどうも。

相手に好感をもっていることをはっきり口に出すと

あなたがとても
気に入りました。

相手が気を悪くしないように、笑いながら

冗談はやめて！

ヴ　　　ゼット　トレ　ジャンティ
Vous êtes très gentil.

「ありがとうございます」という意味にも使いますが、女性が男性に対して使うと、「あなたっていい人ね」という意味深な表現になることも…。

ヴ　　ム　プレゼ　ボクー
Vous me plaisez beaucoup.

英語なら I like you very much. です。相手に、こう言ってみるのも効果的かも…。誰でも人から好きだと言われれば、内心とても嬉しく思うものです。

ヴ　　　プレザンテ
Vous plaisantez!

「からかわないで」「ご冗談を」などの意味です。語調を荒らげて言うと「ふざけんな!」になってしまうので注意!

女性がオシャレしているときには

お美しいですね。

相手と同席しているときに、一度は言っておこう

ご一緒できて楽しいです。

女性を送って行くときは

駅までお送りしましょう。

ヴ　　ゼット　トレ　ベル
Vous êtes très belle !

女性には、ほめことばを欠かさないことが大切！女性の美しさ
を表す形容詞はたくさんありますが、なんといっても belle（ベ
ル）が最高級。ほかに jolie（ジョリ）を使っても喜ばれます。

ジュ スュイ　トレ　　コン タン
Je suis très content
デートル　アヴェック　ヴ
d'être avec vous !

別に男女間だけでなく、一緒にいて楽しいと感じる人なら、誰
に対してでも使えるフレーズです。

ジュ ヴェ　　ヴ　　ザカンパニエ
Je vais vous accompagner
ジュスカ ラ ガール
jusqu'à la gare.

accompagner は「同伴する」で、英語の accompany にあたり
ます。jusqu'à ~ は、「～まで」という意味の前置詞です。

切ない思いを告白する

会えなくてとても
さびしかった！

少ししつこいようですが

ずっとあなたのことばかり
考えてました。

男女の仲が進むと、話し方を変えようということに

もうテュを使って
話しませんか？

ヴ　マヴェ
Vous m'avez
テルマン　　マンケ
tellement manqué.

英語の I missed you so much. を、フランス語は「あなた」を主語に「あなたの不在は私には大変つらかった」と表現します。現在形ならVous me manquez tellement. (ヴムマンケテルマン) です。

ジェ　パンセ　トゥジュール
J'ai pensé toujours
ア　ヴ
à vous.

pensé は penser (考える) の過去分詞で、toujours＝always です。英語にすると、I have always thought about you. ですね。

オン　プ　ス　テュトワイエ
On peut se tutoyer?

最初のうちは互いに vous (敬称2人称)で話していたのに、ある日からtu(親称2人称)を使って話そうということになる。se tutoyer は「互いにテュを使って話す」という動詞です。

カタコト・ラブラブ・フレーズ ④

女性が男性に懇願します

キスして！

単刀直入に

君が必要です。

愛の告白をします

愛してます。

アンブラス　　モワ
Embrasse-moi.

embrasser が「キスをする」という動詞です。
このフレーズは親称 2 人称の命令文です。まだ、vous で
話す仲なら、Embrassez-moi.（アンブラセモワ）になります。

ジェ　ブゾワン　ドゥ　トワ
J'ai besoin de toi.

英語の I need you. にあたります。besoin は「必要」「需要」
という意味の名詞。J'ai besoin de ～ で、「私は～が必要です」
という文になります。ムードのない解説で申し訳ない！

ジュ　テーム
Je t'aime.

最後の締めは、極めつけの、このフレーズです。

単語帳(基数)

0	ゼロ	zéro
1	アン / ユンヌ	un / une
2	ドゥー	deux
3	トロワ	trois
4	カトル	quatre
5	サンク	cinq
6	スィス	six
7	セット	sept
8	ユイ(ット)	huit
9	ヌォフ	neuf
10	ディス	dix
11	オーンズ	onze
12	ドゥーズ	douze
13	トレーズ	treize
14	カトルズ	quatorze
15	カーンズ	quinze
16	セーズ	seize
17	ディセット	dix-sept
18	ディズュイット	dix-huit
19	ディズヌォフ	dix-neuf
20	ヴァン	vingt
21	ヴァンテアン	vingt et un
22	ヴァンドゥー	vingt-deux
23	ヴァントロワ	vingt-trois
24	ヴァンカトル	vingt-quatre
30	トラーント	trente
40	カラーント	quarante
50	サンカーント	cinquante

単語帳(基数/序数)

60	ソワサーント	soixante
70	ソワサントディス	soixante-dix
71	ソワサンテオーンズ	soixante et onze
77	ソワサントディセット	soixante-dix-sept
80	カトルヴァン	quatre-vingts
81	カトルヴァンタン	quatre-vingt-un
90	カトルヴァンディス	quatre-vingt-dix
100	サン	cent
1,000	ミル	mille
10,000	ディミル	dix mille

<70, 80, 90 の数え方 >

フランス語で 70, 80, 90 の数え方はちょっと変わっています。70 は「60(ソワサ
ント)+10(ディス)」で、80 は「4(カトル)×20(ヴァン)」で、90 は「4(カトル)×20(ヴァ
ン)+10(ディス)」と言います。ただしこれは、数の構成を分解したときの話で、
フランス人はそんなことは意識せず、たとえば 90 は「カトルヴァンディス」と
いう 1 語だと思って使っています。

第 1	プルミエ / プルミエール	premier / première
第 2	ドゥズィエム	deuxième
第 3	トロワズィエム	troisième
第 4	カトリエム	quatrième
第 5	サンキエム	cinquième
第 6	スィズィエム	sixième
第 7	セティエム	septième
第 8	ユイティエム	huitième
第 9	ヌォヴィエム	neuvième
第 10	ディズィエム	dixième
第 11	オンズィエム	onzième
第 12	ドゥズィエム	douzième

単語帳(日・曜日・月・季節)

きょう	オジュールデュイ	aujourd'hui
きのう	イエール	hier
あした	ドゥマン	demain
おととい	アヴァンティエール	avant-hier
あさって	アプレドゥマン	après-demain
月曜日	ランディ	lundi
火曜日	マルディ	mardi
水曜日	メルクルディ	mercredi
木曜日	ジョディ	jeudi
金曜日	ヴァンドルディ	vendredi
土曜日	サムディ	samedi
日曜日	ディマーンシュ	dimanche
1月	ジャンヴィエ	janvier
2月	フェヴリエ	février
3月	マルス	mars
4月	アヴリル	avril
5月	メ	mai
6月	ジュワン	juin
7月	ジュイエ	juillet
8月	ウ／ウート	août
9月	セプターンブル	septembre
10月	オクトーブル	octobre
11月	ノヴァーンブル	novembre
12月	デサーンブル	décembre
春	プランタン	printemps
夏	エテ	été
秋	オトンヌ	automne
冬	イヴェール	hiver

単語帳(性別・家族・身分・職業)

男	オム	homme
女	ファム	femme
子供	アンファン	enfant
男の子	ガルソン	garçon
女の子	ジョーンヌフィーユ	jeune fille
～さん(男性)	ムッスィユー ～	Monsieur ～
～さん(既婚女性)	マダム ～	Madame ～
～さん(未婚女性)	マドモワゼル ～	Mademoiselle ～

私の父	モン ペール	mon père
私の母	マ メール	ma mère
私の兄(弟)	モン フレール	mon frère
私の姉(妹)	マ スォール	ma sœur
私の夫	モン マリ	mon mari
私の妻	マ ファム	ma femme
私の息子	モン フィス	mon fils
私の娘	マ フィーユ	ma fille
私の友人(男)	モナミ	mon ami
私の友人(女)	モナミ	mon amie

学生 (男)/(女)	エテュディヤン(ヤーント)	étudiant(e)
主婦 (女)	ファム オ フォワイエ	femme au foyer
会社員(男)/(女)	サラリエ	salarié(e)
公務員(男・女)	フォンクスィヨネール	fonctionnaire
ビジネスマン(男)	オム ダフェール	homme d'affaires
教師(男)/(女)	アンセニャン(ニャーント)	enseignant(e)
技師(男・女)	アンジェニユオール	ingénieur

男性と女性で語尾が変わる単語では、女性の場合は( )の文字を追加します。

単語帳(国名ほか)

日本	ル ジャポン	le Japon
フランス	ラ フランス	la France
ドイツ	ラルマーニュ	l'Allemagne(f.)
スイス	ラ スュイス	la Suisse
オーストリア	ロートリッシュ	l'Autriche(f.)
ベルギー	ラ ベルジック	la Belgique
イギリス	ラングルテール	l'Angleterre(f.)
イタリア	リタリ	l'Italie(f.)
スペイン	レスパーニュ	l'Espagne(f.)
オランダ	レ ペイバ	les Pays-Bas
スウェーデン	ラ スエッド	la Suède
デンマーク	ル ダンヌマルク	le Danemark
ロシア	ラ リュスィ	la Russie
アメリカ合衆国	レゼタズュニ	les Etats-Unis
中国	ラ シン	la Chine
韓国	ラ コレ	la Corée

日本人(男)	ジャポネ	Japonais
日本人(女)	ジャポネーズ	Japonaise
フランス人(男)	フランセ	Français
フランス人(女)	フランセーズ	Française
ドイツ人(男)	アルマン	Allemand
ドイツ人(女)	アルマーンド	Allemande
イギリス人(男)	アングレ	Anglais
イギリス人(女)	アングレーズ	Anglaise

※「〜人の」という形容詞のときは小文字ではじめます。

日本語	ジャポネ	japonais
フランス語	フランセ	français
ドイツ語	アルマン	allemand
英語	アングレ	anglais

(f.) は女性名詞 (エリズィオンして l' となっていますが、もとの形は la です)

単語帳(服装・服飾品)

ドレス(ワンピース)	ローブ	**robe**(f.)
スーツ(婦人用)	タイヨール	**tailleur**(m.)
ジャケット	ヴェスト	**veste**(f.)
ヴェスト	ジレ	**gilet**(m.)
スカート	ジュップ	**jupe**(f.)
スラックス	パンタロン	**pantalon**(m.)
シャツ・ブラウス	シュミズィエ	**chemisier**(m.)
ブラウス	コルサージュ	**corsage**(m.)
Tシャツ	ティーシャート	**T-shirt**(m.)
カーディガン	カルディガン	**cardigan**(m.)
セーター	ピュル	**pull**(m.)
オーバー	マントー	**manteau**(m.)
レインコート	アンペルメアーブル	**imperméable**(m.)
ベルト	サンテュール	**ceinture**(f.)
スカーフ(厚手)	エシャルプ	**écharpe**(f.)
スカーフ(薄手)	フラール	**foulard**(m.)
帽子	シャポー	**chapeau**(m.)
帽子(キャップ)	カスケット	**casquette**(f.)
帽子(ひさしなし)	ボネ	**bonnet**(m.)
靴下	ショセット	**chaussettes**(f.pl.)
ストッキング	バ	**bas**(m.pl)
靴	ショスュール	**chaussures**(f.pl.)
ブーツ	ボット	**bottes**(f.pl.)
イアリング	ブークルドレイユ	**boucles d'oreille**(f.pl.)
ネックレス	コリエ	**collier**(m.)
指輪	バーグ	**bague**(f.)
財布	ポルトフォイユ	**portefeuille**(m.)
ハンドバック	サッカマン	**sac à main**(m.)

(m.) 男性名詞　(f.) 女性名詞　(pl.) 複数形

会話のための早わかりフランス語初歩文法 ❶

■名詞には男性・女性の区別がある

　人を表す名詞に男性・女性の区別があるのはわかりますね。でもフランス語は、物を表す名詞も男性・女性を区別して使います。たとえば、「ナイフ」couteau（クトー）は男性、「フォーク」fourchette（フルシェット）は女性といった具合です。

■名詞が男性か女性かで冠詞を使い分ける

　冠詞というと、英語なら a と the ですね。「ナイフ」と「フォーク」に冠詞を付けてみましょう。左側が英語、右側がフランス語です。

a knife = un couteau（アンクトー）　　　the knife = le couteau（ルクトー）
a fork = une fourchette（ユンヌ フルシェット）the fork = la fourchette（ラフルシェット）

　a にあたる不定冠詞は、un（アン）、une（ユンヌ）の2種類、the にあたる定冠詞は、le（ル）、la（ラ）の2種類をフランス語は使い分けていますね。

　ただし、ひとつ注意点があります。母音字ではじまる名詞の場合です。

　たとえば、「友だち」はフランス語で男性は ami、女性は amie とつづります。発音はどちらも「アミ」、女性形は語尾に e が加わります。これらに不定冠詞を付けるときは、un ami（アナミ）と une amie（ユナミ）で区別できますが、定冠詞を付けると、l'ami と l'amie になり、どちらも「ラミ」と同じ発音になります。[le ami][la amie]のようにはなりません。le と la の母音字が省略されて、アポストロフ（'）に置き換えられることを、エリズィオン（母音字省略）と言います。

■所有形容詞も修飾する名詞が男性か女性かで使い分ける

　冠詞同様に、男性と女性で使い分けるものに所有形容詞があります。たとえば「私の」は、男性名詞（単数）のときは mon（モン）を、女性名詞（単数）のときは ma（マ）を使います。「ナイフ」と「フォーク」をまた例にとれば、

「私のナイフ」　my knife = mon couteau（モン クトー）
「私のフォーク」my fork = ma fourchette（マ フルシェット）

になります。ただし、母音字ではじまる単数名詞の場合は、女性名詞でも mon を使います。そのほうが発音しやすいためです。「私の友だち」は、男友だち（単数）だと mon ami（モナミ）で、女友だち（単数）でも mon amie（モナミ）となります。同じように、「君の」は男性名詞（単数）と母音字ではじまる女性名詞（単数）の前では ton（トン）を、その他の女性名詞（単数）の前では ta（タ）を使い分けます。ていねいな2人称「あなたの」は、votre（ヴォトル）を男性・女性のすべての単数名詞に使います。

■複数名詞のときの冠詞の付け方は簡単です

　まず、フランス語の名詞の複数形は、原則は英語と同じように、単数形に s を付けて作ります。ただ、この語尾の s はフランス語では発音しません。「友だち」の複数形は、amis（男性の複数）または amies（女性の複数）ですが、どちらも「アミ」

と発音すればいいのです。「ナイフ」couteau（クトー）の複数形は語尾に x が付き、couteaux になりますが、発音はやはり単数形と同じです。

さて、複数名詞に冠詞を付ける場合ですが、フランス語には英語の some、any にあたる不定冠詞 des（デ）と定冠詞 les（レ）を男性・女性に関係なく複数名詞の前に置きます。des amis、des amies と les amie、les amies のようになります。ただし、発音はリエゾンして「デザミ」と「レザミ」です。複数名詞にも不定冠詞が付くのがフランス語の特徴ですが、des は de に代わる場合もあり、使い方がちょっと難しい。

また、複数名詞に付く所有形容詞も男性・女性に関係なく、「私の」は mes（メ）、「君の」は tes（テ）、「あなたの」は vos（ヴォ）を使います。たとえば、「両親」parents（パラン）は複数名詞（男性名詞）なので、「私の両親」mes parents（メ パラン）、「あなたの両親」vos parents（ヴォ パラン）のように言います。

■形容詞の使い方がちょっと難しい

形容詞には男性形と女性形があります。たとえば、「小さな」という形容詞は、男性形が petit（プティ）で、女性形は e が付いて petite（プティット）になります。形容詞の女性形のほとんどは、男性形に e を付けるものだと覚えましょう。そして、女性形は語尾の子音を発音します。日本語で「プチ」と言っていますが、名詞が何であろうとすべて「プチ」を付けていますね。フランス語は、形容する名詞が女性か男性かで、区別して使います。

「犬」はフランス語で chien（シャン）と言って男性名詞です。だから、「私の小さな（可愛い）犬」は、mon petit chien（モン プティ シャン）です。

それに対し、「ハツカネズミ」は souris（スリ）と言って女性名詞なので、「私の小さな（可愛い）ハツカネズミ」は、ma petite souris（マ プティット スリ）と言います。

いわゆる補語（フランス語では属詞と言います）になるときも同じで、

「私の犬は小さい」は、Mon chien est petit.（モン シャン エ プティ）
「私のハツカネズミは小さい」は、Ma souris est petite.（マ スリ エ プティット）

のように形容詞を使い分けます。

次に、複数名詞を修飾する場合ですが、フランス語は形容詞にも男性形と女性形のそれぞれに s を付けて使います。だだし、この s は、後ろに母音ではじまる単語が来てリエゾンしないかぎり発音しません。要するに、つづりによって文法的な区別を表すものだと思ってください。会話のときは、男性形と女性形の発音の区別さえすれば大丈夫です。

しかし、ちょっと面倒な形容詞もあります。男性形と女性形のつづりがずいぶん違う上に、男性形にもうひとつ別の形をもつ形容詞があります。

たとえば、「新しい」という形容詞がそうです。男性形は nouveau（ヌーボー）、女性形は nouvelle（ヌーベル）で、男性形にもうひとつ nouvel（ヌーベル）という形があり、これは母音字ではじまる男性名詞（単数）の前に置くときに使います。ただし、複数形は 男性形 nouveaux（ヌーボー）と女性形 nouvelles（ヌーベル）の 2 種類です。

会話のための早わかりフランス語初歩文法 ❷

　もうひとつ、フランス語の形容詞の使い方には特徴があります。英語と違い、多くの形容詞は、後ろから名詞を修飾することです。英語も something を修飾するときは、something new のように形容詞は後ろに置きますが、フランス語は普通の名詞でもそうします。しかも、前から名詞を修飾するときと後ろから名詞を修飾するときでは、形容詞の意味が微妙に異なることもあります。「新しい車」は、英語なら a new car ですが、フランス語は une nouvelle voiture（ユンヌ ヌーベル ヴォワテュール）と une voiture nouvelle（ユンヌ ヴォワテュール ヌーベル）の2つの言い方があります。「新しい車」でも、前者は「この間買った車」で、後者は「新型の車」という意味です。

■動詞の現在形を使いこなそう

　フランス語は、英語と同じように主語によって形が変わります。ただし英語は、be動詞以外は、3人称単数が主語のときだけ s か es を付けて区別すればよいので楽でした。フランス語は主語の人称によって形がいろいろと変わります。

　まず、be動詞の現在形を英語とフランス語で比べてみましょう。

	原形 **be**	原形 **être**	（エトゥル）
1人称単数	I am	je suis	（ジュ スュイ）
2人称単数	you are	親称 tu es 敬称 vous êtes	（テュエ） （ヴゼット）
3人称単数	he is she is	il est elle est	（イレ） （エレ）
1人称複数	we are	nous sommes	（ヌソム）
2人称複数	you are	vous êtes	（ヴゼット）
3人称複数	they are	ils sont elles sont	（イルソン） （エルソン）

　主語によってずいぶん変わりますね。英語の be 動詞の現在形は3種類ですが、フランス語は全部で6種類あります。また、フランス語の2人称には単数にかぎり親称 tu（君は、おまえは）と敬称 vous（あなたは）の区別があります。もともと2人称単数の敬称は、2人称複数を代用したものです。また、3人称単数の「それは」は、フランス語では il か elle に、そして英語と異なり3人称複数には、「彼らは」ils と「彼女たちは」elles の区別があります。ただし、動詞は同じ形を使います。会話ではまず je suis（= I am）、vous êtes（= you are）、il est（= he is）の3つと、c'est（= this is, that's, it's）を使いこなすことが大切です。

　次は、have 動詞です。

	原形 **have**	原形 **avoir**	（アヴォワール）
1人称単数	I have	j'ai	（ジェ）

2人称単数	you have	親称 tu as　　　　（テュア） 敬称 vous avez　（ヴザヴェ）
3人称単数	he has she has	il a　　　　　（イラ） elle a　　　　（エラ）
1人称複数	we have	nous avons（ヌザヴォン）
2人称複数	you have	vous avez　　（ヴザヴェ）
3人称複数	they have	ils(elles) ont（イル(エル)ゾン）

　j'ai と vous avez を使いこなせるようになったら、使い道の広い on a（オンナ）を覚えましょう。on は「一般の人」を表す代名詞で、3人称単数扱いしますが、nous avons（= we have）、ils ont（= they have）、ときには j'ai の代わりに使うことができます。

　一般動詞「する」の現在形は、

	原形 do	原形 faire　　（フェール）
1人称単数	I do	je fais　　　　（ジュ フェ）
2人称単数	you do	親称 tu fais　　　（テュ フェ） 敬称 vous faites　（ヴ フェット）
3人称単数	he does she does	il fait　　　　（イル フェ） elle fait　　　（エル フェ）
1人称複数	we do	nous faisons（ヌ フゾン）
2人称複数	you do	vous faites　（ヴ フェット）
3人称複数	they do	ils(elles) font（イル(エル) フォン）

一般動詞「行く」の現在形は、

	原形 go	原形 aller　　（アレ）
1人称単数	I go	je vais　　　　（ジュ ヴェ）
2人称単数	you go	親称 tu vas　　　（テュ ヴァ） 敬称 vous allez　（ヴザレ）
3人称単数	he goes she goes	il va　　　　　（イル ヴァ） elle va　　　　（エル ヴァ）
1人称複数	we go	nous allons（ヌザロン）
2人称複数	you go	vous allez　　（ヴザレ）
3人称複数	they go	ils(elles) vont（イル(エル) ヴォン）

活用形は頭がパンクしそうですが、はじめは主語が単数の形だけを覚えましょう。

著者略歴

藤井秀男 (ふじいひでお)

1952年、東京生まれ。東京大学文学部美学・芸術学科卒。在学中ドイツへ遊学。帰国後フランス人と結婚。その後、東京で私塾を開き、20年近く英語を教え続ける。2004年、出版社エコール・セザムを設立。英単語集のほかに昭和の映画スターの本などを制作出版。主な著書に『ダジャ単』『初代中村錦之助伝・上巻』がある。2020年夏、趣味の延長で水道橋にライブハウス「ボンクラージュ」(意味は128〜129ページ参照)をオープン。店長として忙しい。

監修者略歴

マリー＝クリスティーヌ・ジュスラン (Marie-Christine Jousselin)

1954年、フランス・パリ生まれ。1976年に来日。在日歴はトータルで45年。現在は主婦業のかたわら、フランス語の学習サークルを主宰。寿司と日本茶、ショコラ(チョコレート)をこよなく愛する一姫の母。

カバー＆本文デザイン■一柳 茂 (クリエーターズ・ユニオン)
編集・DTP■高瀬伸一
イラスト■さかもとえりこ ■山口嗣恭
構成■エコール・セザム

[増補改訂版] やさしいフランス語　カタコト会話帳

2020年 9月16日　第1刷発行

著　者 ── 藤井秀男
監修者 ── マリー＝クリスティーヌ・ジュスラン
発行者 ── 徳留慶太郎
発行所 ── 株式会社すばる舎
　　　　　東京都豊島区東池袋3-9-7 東池袋織本ビル 〒170-0013
　　　　　　　　　TEL 03-3981-8651 (代表)
　　　　　　　　　　　 03-3981-0767 (営業部直通)
　　　　　　　　　FAX 03-3981-8638
　　　　　　　　　振替 00140-7-116563

印　刷 ── 株式会社光邦